国家职业标准

辐射防护工

中华人民共和国劳动和社会保障部
中 国 核 工 业 集 团 公 司 制定

图书在版编目(CIP)数据

国家职业标准. 辐射防护工/中华人民共和国劳动和社会保障部,中国核工业集团公司制定. —北京:原子能出版社,2010.6

ISBN 978-7-5022-4954-0

Ⅰ.①国… Ⅱ.①中… ②中… Ⅲ.①职业—技术等级标准—汇编—中国 ②辐射防护—技术等级标准—汇编—中国 Ⅳ.①F249.23-65 ②TL7-65

中国版本图书馆 CIP 数据核字(2010)第 111562 号

国家职业标准——辐射防护工

出版发行	原子能出版社(北京市海淀区阜成路 43 号 100048)
责任编辑	刘 朔
技术编辑	冯莲凤
责任印制	潘玉玲
印　　刷	中国文联出版社
经　　销	全国新华书店
开　　本	850 mm×1168 mm 1/32
印　　张	0.875　　**字　数**　23 千字
版　　次	2010 年 11 月第 1 版　2010 年 11 月第 1 次印刷
书　　号	ISBN 978-7-5022-4954-0　　**定　价**　**15.00 元**

网址:http://www.aep.com.cn　　**E-mail:atomep123@126.com**

发行电话:010-68452845　　

说　明

一、《辐射防护工国家职业标准》（以下简称为《标准》）以《中华人民共和国职业分类大典》（核工业分册）为依据，以客观反映现阶段本职业的水平和对从业人员的要求为目标，在充分考虑经济发展、科技进步和产业结构变化对本职业影响的基础上，对职业的活动范围、工作内容、技能要求和知识水平作了明确规定。

二、本《标准》的制定遵循了有关技术规程的要求，既保证了《标准》体系的规范化，又体现了以职业活动为导向、以职业技能为核心的特点，同时也使其具有根据科技发展进行调整的灵活性和实用性，符合培训、鉴定和就业工作的需要。

三、本《标准》依据有关规定将本职业分为四个等级，包括职业概况、基本要求、工作要求和比重表四个方面的内容。

四、本《标准》是在各有关专家和实际工作者的共同努力下完成的。参加编写的主笔专家有：杨晓和等；参加审定的专家有：陈蕾、刘春秀、闫玉奎、姚永奎、徐燕生、明绍芬等。本《标准》在制定过程中，得到中国原子能科学研究院等有关单位的大力支持，在此一并致谢。

二〇一〇年十月十日

辐射防护工
国家职业标准

1. 职业概况

1.1 职业名称

辐射防护工。

1.2 职业定义

从事电离辐射防护与辐射源安全监测和监督工作的人员。

1.3 职业等级

本职业共设四个等级，分别为：中级（国家职业资格四级）、高级（国家职业资格三级）、技师（国家职业资格二级）、高级技师（国家职业资格一级）。

1.4 职业环境

室内外、电离辐射。

1.5 职业能力特征

有一定的语言表达、学习理解和应用技术资料的能力；有较强的计算、分析、推理、判断能力；有空间感，形体知觉、听觉及色觉正常；手指、手臂灵活，动作协调。

1.6 基本文化程度

高中毕业或同等学力。

1.7 培训要求

1.7.1 培训期限

全日制职业学校教育，根据其培养目标和教学计划确定。晋级培训期限：中级不少于 220 标准学时；高级不少于 150 标准学时；技师不少于 120 标准学时；高级技师不少于 100 标准学时。

1.7.2 培训教师

培训中、高级人员的教师应具有本职业技师及以上职业资格证书或具有相关专业中级及以上专业技术职务任职资格；培训技师的教师应具有本职业高级技师职业资格证书或相关专业高级专业技术职务任职资格；培训高级技师的教师应具有本职业高级技师职业资格证书2年以上或相关专业高级专业技术职务任职资格。

1.7.3 培训场地设备

满足教学需要的标准教室和配备专用设备及器具的场地。

1.8 鉴定要求

1.8.1 适用对象

从事或准备从事本职业的人员。

1.8.2 申报条件

——中级（具备以下条件之一者）

（1）经本职业中级正规培训达规定标准学时数，并取得结业证书；

（2）连续从事本职业工作5年以上；

（3）取得经劳动和社会保障行政部门审核认定的、以中级技能为培养目标的中等以上职业学校本职业（专业）毕业证书。

——高级（具备以下条件之一者）

(1) 取得本职业中级职业资格证书后，连续从事本职业工作3年以上，经本职业高级正规培训达规定标准学时数，并取得结业证书；

(2) 取得本职业中级职业资格证书后，连续从事本职业工作5年以上；

(3) 取得高级技工学校或经劳动和社会保障行政部门审核认定的、以高级技能为培养目标的高等职业学校本职业（专业）毕业证书；

(4) 取得本职业中级职业资格证书的大专以上本专业或相关专业毕业生，连续从事本职业工作2年以上。

——技师

(1) 取得本职业高级职业资格证书后，连续从事本职业工作3年以上，经本职业技师正规培训达规定标准学时数，并取得结业证书；

(2) 取得本职业高级职业资格证书后，连续从事本职业工作5年以上；

(3) 取得本职业高级职业资格证书的高级技工学校本职业（专业）毕业生和大专以上本专业或相关专业的毕业生，连续从事本职业工作2年以上。

——高级技师（具备下列条件之一者）

(1) 取得本职业技师职业资格证书后，连续从事本职业工作3年以上，经本职业高级技师正规培训达规定标准学时数，并取得结业证书；

(2) 取得本职业技师职业资格证书后，连续从事本职业工作5年以上。

1.8.3 鉴定方式

分为理论知识考试和技能操作考核。理论知识考试采用闭卷笔试方式，技能操作考核采用现场实际操作、模拟操作和答辩相结合的方式。理论知识考试和技能操作考核均实行百分制，成绩皆达到60分及以上者为合格。技师和高级技师还必须进行综合评审。

1.8.4 考评人员与考生配比

理论知识考试考评人员与考生配比为1∶15，每个标准教室不少于2名考评人员；技能操作考核考评员与考生配比为1∶5，且不少于3名考评员；综合评审委员不少于5人。

1.8.5 鉴定时间

理论知识考试时间不少于120分钟；技能操作考核时间：中级不少于120分钟，高级不少于150分钟，技师不少于180分钟，高级技师不少于210分钟；综合评审时间不少于45分钟。

1.8.6 鉴定场所和设备

理论知识考试在标准教室里进行；技能操作考核在配备有专用设备和工具的场所进行，并符合安全防护、劳动保护等各项要求。

2. 基本要求

2.1　职业道德

2.1.1　职业道德基本知识

2.1.2　职业守则

(1) 爱岗敬业、忠于职守、钻研技术、勇于创新
(2) 尽职尽责、爱护设备、吃苦耐劳、安全第一
(3) 实事求是、严守秘密、服从命令、雷厉风行
(4) 团结协作、刻苦学习、提高效率、保证质量
(5) 文明礼貌、尊师爱徒、遵纪守法、文明生产

2.2　基础知识

2.2.1　电离辐射基础理论知识

(1) 辐射防护中使用的辐射量和单位
(2) 辐射剂量基础知识
(3) 辐射屏蔽基础知识
(4) 辐射测量方法知识
(5) 原子核物理基础知识
(6) 辐射防护技术基本知识

(7) 内、外照射基本防护方法
(8) 放射性废物管理知识
(9) 数理统计基础知识
(10) 核与辐射事故应急基础知识
(11) 核临界安全基本知识

2.2.2 生产工艺及辅助设备知识

(1) 辐射防护监测系统的组成及用途
(2) 通、排风系统的组成及用途
(3) 放射性废水排放系统的结构及用途
(4) 放射性气态流出物净化知识
(5) 工作场所卫生闸门的用途
(6) 放射性物质装载容器的结构
(7) 个人剂量计和个人防护衣具的使用
(8) 计算机应用的基本知识

2.2.3 识绘图知识

(1) 辐射防护监测和环境介质取样测量工艺流程图
(2) 生产工艺流程图及辅助系统工作图

2.2.4 工业安全与环保等知识

(1) 安全用电知识
(2) 消防常识
(3) 职业卫生
(4) 环境保护

2.2.5 质量管理知识

(1) 企业质量目标、方针和职责

（2）岗位的质量控制

（3）岗位的质量保证措施

2.2.6 法律法规知识

（1）《中华人民共和国安全生产法》的相关知识

（2）《中华人民共和国放射性污染防治法》的相关知识

（3）《中华人民共和国职业病防治法》的相关知识

（4）《中华人民共和国保守国家秘密法》的相关知识

（5）《中华人民共和国环境保护法》的相关知识

（6）《电离辐射防护与辐射源安全基本标准》（GB18871—2002）

（7）《放射性物质安全运输规程》（GB11806—2004）

（8）行业、企业安全生产规程

3. 工作要求

本标准对中级、高级、技师和高级技师的技能要求依次递进，高级别涵盖低级别的要求。

3.1 中级

职业功能	工作内容	技能要求	相关知识
一、辐射监测	（一）监测准备	1. 能根据工作现场射线种类选择监测仪器 2. 能按照操作规程完成仪器的开关 3. 能使用检验源检查仪器的工作状态是否正常	监测设备的使用说明书
	（二）测量	1. 能选择仪表量程、测量距离 2. 能按照操作规程完成工作现场辐射水平、表面污染、空气浓度监测 3. 能按照操作规程完成环境辐射和环境样品的测量 4. 能按照操作规程完成外照射个人剂量监测	1. 仪器的基本性能 2. γ、中子剂量率仪使用方法 3. α、β 表面污染仪的使用方法 4. 气溶胶取样监测设备使用方法 5. 个人剂量测量方法

续表

职业功能	工作内容	技能要求	相关知识
一、辐射监测	（三）处理数据	1. 能记录测量条件和测量结果 2. 能对测量数据进行统计，计算出平均值及误差	1. 辐射量、活度、探测效率等符号的定义及单位 2. 平均值及误差计算方法
	（四）监测设备维护保养	1. 能定期送检仪器设备 2. 能够判断仪器的常见故障，如电量不足、接线不良等 3. 能按照仪器使用说明书要求保养仪器设备	1. 仪器检查方法 2. 仪器设备维护保养知识
二、辐射防护与安全	（一）外照射剂量计算	1. 能根据现场测量结果估算工作人员可能受到的外照射剂量 2. 能根据源活度，用点源公式计算γ照射量率	γ照射量率计算方法
	（二）估算屏蔽厚度	1. 能根据测量结果和辐射防护标准，查表或曲线给出γ点源的屏蔽（铅或铁）厚度 2. 能根据射线种类定性选择防护材料	1. 屏蔽材料、射线能量与减弱倍数的关系 2. 透射比的符号及定义

续表

职业功能	工作内容	技能要求	相关知识
二、辐射防护与安全	（三）控制职业照射	1. 能监督工作人员正确使用个人防护用品，如口罩、面罩、手套、防护围裙等 2. 能监督工作人员正确佩带和使用个人剂量计 3. 能根据现场辐射水平限制工作人员工作时间 4. 能及时检查工作人员衣物、手脚的污染状况，并做出处理 5. 能控制卫生闸门通道，保证人流、物流走向	1. 各类防护用品的特性 2. 内、外照射防护方法 3. 企业个人剂量管理限值 4. 企业表面污染控制水平
	（四）去除污染	1. 能确定污染热点、种类 2. 能按照操作规程要求使用去污剂对污染物项表面进行去污 3. 能对去污产生的二次废物进行处理 4. 能对去污后的污染物项进行检测和标识 5. 能根据测量结果对放射性废物进行分类，包括等级划分、易燃、可压缩等	1. 应用实例 2. 去污方法 3. 去污标准 4. 废物分类标准

续表

职业功能	工作内容	技能要求	相关知识
三、辐射事故的预防与处理	（一）事故预防	1. 能履行岗位安全职责 2. 能对安全相关设备进行定期巡检，发现问题及时报告	1. 安全相关设备功能 2. 安全巡检、报告程序 3. 岗位职责
	（二）事故处理	1. 能对事故现场进行警示、标识 2. 能及时报告事故现场情况 3. 能控制事故现场出入口，防止事故扩大	1. 事故处理程序 2. 事故处理应用实例

3.2 高级

职业功能	工作内容	技能要求	相关知识
一、辐射监测	（一）监测准备	1. 能读懂设施或工作场所剂量取样监测系统工艺流程图 2. 能根据射线种类、能量响应、量程范围、探测灵敏度等技术指标选择监测仪器设备	1. 取样盒、管道直径、流量计、取样泵等符号的含义 2. 仪器或探测元件的性能指标
一、辐射监测	（二）制样	1. 能按照作业文件完成辐射场所气溶胶、表面污染、沉降灰、液态流出物等样品的采集与制备 2. 能按照作业文件完成环境样品的采集与制备，包括水、土壤、气体、生物、沉降灰等 3. 能按照作业文件完成工作人员内照射样品的采集与制备，包括尿液、汗液、鼻拭等	样品制备的质量作业文件

续表

职业功能	工作内容	技能要求	相关知识
一、辐射监测	（三）测量	1. 能操作计算机完成现场辐射水平、气溶胶和气态流出物的程序化监测 2. 能对样品进行预测，估算样品活度范围，并确定本底、样品的测量时间 3. 能通过计算机输入样品名称、采样地点、采样时间、采样量等参数	监测程序操作指南
二、辐射防护与安全	（一）计算剂量	1. 能根据源活度，用点源公式计算 β、中子的剂量率 2. 能根据现场空气浓度监测情况，估算工作人员体内放射性物质摄入量	β、中子剂量计算方法

续表

职业功能	工作内容	技能要求	相关知识
二、辐射防护与安全	（二）控制职业照射	1. 能按照指数衰变规律计算 γ 源和同位素中子源的屏蔽厚度 2. 能用经验公式计算 β 射线的屏蔽厚度，并选择屏蔽材料 3. 能根据空气浓度估算工作人员内照射剂量水平	1. 剂量积累因子、半值层和十分之一值层、减弱系数的概念、使用方法 2. 内照射剂量计算方法
	（三）控制与去除污染	1. 能根据工作场所空气污染浓度、表面污染水平、工作人员个人防护用品的污染水平判断放射性物质泄漏、撒漏及排风系统非正常工作状态 2. 能根据核素配制去污剂	1. 核素性质 2. 去污剂的配置方法
	（四）废物管理	1. 能使用废物的各种检测装置，测定废物的核素组成、比活度、表面辐射水平、密度以及判断是否 α 废物 2. 能对废物进行标识、建档	废物管理标准及包装运输要求

续表

职业功能	工作内容	技能要求	相关知识
三、辐射事故的预防与处理	(一)事故预防	能针对本岗位工艺操作提出事故预防的措施	1. 安全设施设备的功能 2. 实体保护的要求及方法 3. 工作场所分区原则
	(二)事故处理	能按照应急计划的要求做出正确的响应，实施救援	1. 应急计划与准备 2. 辐射事故分级和放射源分类

3.3 技师

职业功能	工作内容	技能要求	相关知识
一、辐射监测	（一）监测准备与测量	1. 能对监测设备的探测效率、自吸收因子、分散性等各种参数进行检验 2. 能绘制剂量监测系统图、取样布点图 3. 能对所使用的监测设备提出改进意见	仪器检查和参数试验方法
	（二）处理数据	1. 能根据体内放射性核素的滞留量估算摄入量和待积有效剂量 2. 能对测量数据进行可靠性分析 3. 能对异常数据加以判别和剔除	1. 监测的质量保证要求 2. 数据统计分析方法
二、辐射防护与安全	（一）防护计算	能对非点源的辐射场进行防护计算	非点源辐射场计算方法

续表

职业功能	工作内容	技能要求	相关知识
二、辐射防护与安全	（二）读图与绘图	1. 能绘制工作场所分区、剂量监测系统图 2. 能看懂通风系统、废水排放系统工艺图	1. 机械常识和绘图基本知识 2. 辐射防护设计规范
	（三）辐射防护工艺与技术改进	1. 能对所辖设施、工艺设备和工程辐射防护设计中存在的问题提出改进意见 2. 能根据辐射防护方案组织人员实施	1. 生产工艺流程 2. 设备运行方式
	（四）控制职业照射	能采用综合方法控制职业内、外照射，包括空气浓度控制、工艺系统密封和防泄漏控制、屏蔽等措施	1. 现场辐射防护技术规范 2. 同类设施的运行经验
	（五）控制与去除污染	1. 能制定去污的工艺操作规程 2. 能根据工艺流程提出减少废物产生量的措施	去污工艺操作规程的编制要求

续表

职业功能	工作内容	技能要求	相关知识
三、辐射事故的预防与处理	（一）事故预防	能制定事故应急措施	人防、物防、技防方法
	（二）事故处理	能针对本岗位事故的特点选择和确定事故处理方法和程序	事故处理的典型实例
四、培训与管理	（一）指导操作	能对中、高级人员进行技术指导	培训教学的基本方法
	（二）理论培训	能讲授本专业技术理论知识	
	（三）质量管理	能应用质量管理知识，实现操作与管理过程的质量分析与控制	1. 相关质量标准 2. 质量分析与控制方法
	（四）安全管理	能协助安全职能管理部门对生产计划、职业卫生及工作人员进行管理	1. 生产管理基本知识 2. 管理程序及职责

3.4　高级技师

职业功能	工作内容	技能要求	相关知识
一、辐射监测	（一）监测准备	1. 能编制辐射监测系统调试大纲，并组织实施 2. 能编写源项调查方案并组织实施	质量程序文件编写的基本知识
	（二）数据分析与评价	1. 能对监测结果的合理性、可靠性进行评价 2. 能评价放射性工作场所辐射安全及个人辐射防护状况	评价报告的编写知识
二、辐射防护与安全	（一）辐射防护工艺与技术改进	1. 能采取技术措施改进现有设施中存在的辐射防护问题 2. 能根据主工艺流程制定辐射防护方案 3. 能判断安全系统效能，如通风、屏蔽、安全联锁等	1. 辐射防护标准 2. 技术革新成果的应用实例
	（二）推广辐射防护新技术	能对国内外先进辐射防护技术与设备进行评价	国内外先进辐射防护技术发展动态

续表

职业功能	工作内容	技能要求	相关知识
三、辐射事故的预防与处理	（一）事故预防	能发现工艺系统中存在的安全隐患，并采取技术措施加以消除	现场救援的综合方法
	（二）事故处理	能组织实施现场救援如伤员急救、消防等	
四、培训与管理	（一）培训	能编写培训讲义并实施培训	有关职业培训的国家标准和行业标准
	（二）质量管理	能编制质量控制程序文件	质量控制程序文件编制要求

4. 比重表

4.1 理论知识

项目		中级（%）	高级（%）	技师（%）	高级技师（%）
基本要求	职业道德	5	5	5	5
	基础知识	25	20	15	15
相关知识	辐射监测	20	20	20	15
	辐射防护与安全	40	40	30	30
	辐射事故的预防与处理	10	15	20	25
	培训与管理	—	—	10	10
合计		100	100	100	100

4.2 技能操作

项目		中级(%)	高级(%)	技师(%)	高级技师(%)
技能要求	辐射监测	30	25	20	15
	辐射防护与安全	60	55	50	50
	辐射事故的预防与处理	10	20	20	25
	培训与管理			10	10
合计		100	100	100	100